Thomas Neuhold

# Salzkammergut

## Orte der Erinnerung

Mit freundlicher Unterstützung des Zukunftsfonds der Republik Österreich

Impressum

Bibliografische Information der Deutschen Nationalbibliothek
Die Deutsche Nationalbibliothek verzeichnet diese Publikation in der Deutschen Nationalbibliografie; detaillierte bibliografische Daten sind im Internet über http://dnb.d-nb.de abrufbar.



Lektorat: Markus Weiglein
Grafik und Produktion: Nadine Kaschnig-Löbel
Karten: Arge-Kartografie
Coverfoto: Vadym Lavra/shutterstock.com
Druck: Florjančič tisk d.o.o.
Gedruckt in der EU

ISBN 978-3-7025-1124-1

www.pustet.at

Bildnachweis:
Archiv KPÖ Oberösterreich: 62–63 (Franz Kain), 67, 69, 75, 77; Beatrix Binder: 12–13 (Villa Schratt), 17, 19, 27, 35, 53, 59, 65, 73, 79; Thomas Neuhold: 25, 28–29 (KZ-Friedhof in Ebensee), 31, 33, 37, 38–39 (Wildenseealm), 41, 43, 45, 47, 50–51 (Löwendenkmal zwischen Ebensee und Traunkirchen), 55, 57, 61, 81; Shutterstock.com: Cavan-Images 6–7 (Blick auf den Traunsee von Ebensee), saiko3p: 15, Anke Licht: 21, U. Eisenlohr: 23, Edler von Rabenstein: 49, Karl Allen Lugmayer: 71; Patrick Stadler/unsplash.com: 82–83 (Altaussee)

Thomas Neuhold

# Salzkammergut

## Orte der Erinnerung

- hingehen
- begreifen
- niemals vergessen

VERLAG ANTON PUSTET

# Inhalt

Steile Berge und tiefe Seen. Unberührtes Naturidyll, Weltkulturerbe und verkitschter Massentourismus. Brauner Sumpf und roter Widerstand.

# Das Salzkammergut – eine Region der Gegensätze

Das Salzkammergut gehört zu den faszinierendsten Regionen Österreichs, ja ganz Europas. Es ist selten der Fall, dass scheinbare oder tatsächliche Gegensätze auf so engem Raum nebeneinander zu finden sind: 76 Seen – nach anderer Zählweise auch mehr – gibt es hier, die meisten eingerahmt von steilen Bergflanken. Der Tourismus boomt, gleichzeitig findet man hier weitläufige, für mitteleuropäische Verhältnisse nahezu unberührte Natur und selbst die scheinbar antiquierte Sommerfrische ist wieder modern geworden.

Politisch war das Salzkammergut immer eine Region der Widersprüche: Hier residierten im Sommer Adel und Großbürgertum, später suchten sich die letzten Nazis hier in ihrer virtuellen Alpenfestung zu verschanzen. Das

Salzkammergut war aber auch eine Region der Rebellion und es war eines der Kerngebiete des politischen Widerstands gegen den Nationalsozialismus.

## 30 Themen von 1914 bis 1963

Dieser gesellschaftlichen und politischen Widersprüchlichkeit will das vorliegende Booklet in 30 Kapiteln nachspüren. In der beigelegten Landkarte finden sich dazu die wesentlichen Orte, die den einzelnen Kapiteln auch einen geografischen Bezug geben und den Leserinnen und Lesern die Orientierung erleichtern sollen.
Apropos Geografie: Als Salzkammergut ist in diesem Fall der heute allgemein gebräuchliche Begriff für die Region in der Steiermark, in Oberösterreich und Salzburg gewählt. Auf eine Trennung in Inneres, Äußeres und Steirisches Salzkammergut wurde verzichtet.
Zeitlich umspannen die Erinnerungsorte die Jahre zwischen 1914 mit der Kriegserklärung von Österreich-Ungarn an Serbien bis 1963, den neofaschistischen Attentaten in Ebensee: markante historische Ereignisse, das erste sogar von weltgeschichtlicher Bedeutung.

## Neue Einblicke und Zusammenhänge

Inhaltlich verschaffen vorliegende Landkarte und Handbuch einen zeithistorischen Überblick über die Region, naturgemäß ohne Anspruch auf Vollständigkeit, sondern mit dem Ziel, exemplarisch der Leserin und dem Leser Einsichten zu ermöglichen sowie Hinweise und Denkanstöße zu liefern. Oder um Simon Wiesenthal zu zitieren: „Die Vorgänge im Ausseer Gebiet seit Mitte 1944 verdienen mit Bestimmtheit ein besonderes Buch oder vielleicht sogar mehrere Bücher."

Karte und Buch bieten Grundinformationen zu einzelnen Themen und wollen auf Zusammenhänge aufmerksam machen. Der eine oder andere Ort darf als bekannt bezeichnet werden, die Geschichte dazu wird aber aus einem vielleicht ungewohnten Blickwinkel erzählt; andere der hier versammelten Erinnerungsorte sind weniger geläufig, einzelne werden überhaupt erstmals einer breiten Öffentlichkeit vorgestellt und harren noch ihrer wissenschaftlichen Aufarbeitung.

Die den Texten zugrunde liegenden Quellen sind wissenschaftlich fundiert beziehungsweise liegen mir im Original vor. Ein Kapitel beruht auf einem Zeitzeugeninterview, das ich im Jänner 2024 geführt habe.

Die inhaltliche Ausgestaltung der Erinnerungsorte in diesem Handbuch erhebt keinen wissenschaftlichen Anspruch – dazu wäre die Art der Publikation auch nicht geeignet.

## Blinde Flecken auf der Postkartenidylle

Buch und Landkarte verfolgen zudem nicht die Absicht, der Leserin bzw. dem Leser etwas für das politische und gesellschaftliche Heute mitzugeben. Allzu inhaltsleer ist die Binse vom Lernen aus der Geschichte geworden. Um es in Anlehnung an die Literaturnobelpreisträgerin Elfriede Jelinek zu sagen: Wer das Ungeheuer nicht längst atmen hört, wer nicht hört, wie der Atem der Demokratie schwächer wird, der wird die Analogien zum Hier und Heute nicht sehen können oder wollen.

Die Erinnerungsorte wollen Einheimischen wie Gästen nur den einen oder anderen blinden Fleck auf der Postkartenidylle des Salzkammergutes näherbringen und vielleicht den einen oder anderen Vorhang zur Seite ziehen. Nicht mehr, aber auch nicht weniger.

Thomas Neuhold, Schörfling und Salzburg
im Februar 2024

# Villen und Schlösser

# 1

× Kriegserklärung an Serbien – Beginn des Ersten Weltkrieges

## Die Kaiservilla in Bad Ischl

[F 6/7]

Die Kaiservilla in Bad Ischl war die Sommerresidenz von Franz Joseph I., dem vorletzten Habsburgerkaiser. Das Ensemble am Fuß des Jainzenberg ist ein wahres Schmuckstück. Bis heute profitiert die Region von einem reichlich romantisierenden und verkitschten „K.u.K.-Tourismus".

Der postum verklärte Blick darf nicht darüber hinwegtäuschen, dass die Habsburger nur mit Hilfe eines reichlich repressiven Systems an der Macht bleiben konnten. Der Vielvölkerstaat mit dem Spottnamen „Völkergefängnis" war eine imperialistische Großmacht in Europa.

Nach der Ermordung des Thronfolgers und seiner Frau stellte der schon sehr betagte Franz Joseph Serbien ein Ultimatum. Es akzeptierte zwar einen Großteil der

Forderungen, doch waren die Habsburger und die Generalität nicht mehr an einer diplomatischen Lösung interessiert. Am 28. Juli 1914 unterzeichnete Franz Joseph in der Kaiservilla die Kriegserklärung an Serbien und das Manifest *An meine Völker,* in dem er den Krieg rechtfertigte. Der Erste Weltkrieg hatte begonnen. Er sollte vier Jahre und dreieinhalb Monate dauern. Die Bilanz war verheerend: Etwa 17 Millionen Menschen verloren ihr Leben. Das Habsburgerreich zerfiel in zahlreiche Nationalstaaten; der Nachfolger von Franz Joseph war Karl I., er musste abdanken.

> weiterlesen: 4

2

× Prominenter Autor und Texter – ermordet in Auschwitz

# Fritz Löhner-Beda und die Villa Schratt in Bad Ischl

[F 7]

Im Unterschied zu Franz Lehár, für den er mehrere Libretti verfasste, ist Fritz Löhner-Beda heute nur mehr sehr wenigen ein Begriff. Einige seiner Schlager hingegen kennt man immer noch. So beispielsweise das Lied *Ich hab' mein Herz in Heidelberg verloren*. Löhner-Beda (eigentlich Löwy) war auch Präsident des jüdischen Sportvereins Hakoah in Wien.
Der zu ansehnlichem Reichtum gekommene Schriftsteller kaufte 1932 die sogenannte Schratt-Villa in Bad Ischl, die er seiner Frau Helene schenkte. Die Villa ist nach der Burgschauspielerin Katharina Schratt (†1940) benannt, die das Haus nie in Besitz hatte, aber viele Sommer hier verbrachte.
Löhner-Bedas Verbindungen zum Komponisten Franz Lehár oder auch zum Schauspieler Hans Moser schützten

ihn nicht vor der Deportation. Er wurde 1938 mit dem ersten Prominententransport in das KZ Dachau verschleppt und später nach Buchenwald gebracht, wo er mit Hermann Leopoldi das *Buchenwaldlied* schrieb.
Im Oktober überstellte man Löhner-Beda nach Auschwitz und zwang ihn bei der IG Farben zur Sklavenarbeit. Er wurde im Dezember auf Geheiß eines Direktors dieses dazumal größten Chemieunternehmens der Welt erschlagen. Seine Frau und seine zwei Töchter wurden im Vernichtungslager Maly Trostinez (heute in Belarus) vergast.

Nach Löhner-Beda ist in Bad Ischl in der Aschausiedlung eine kleine Straße benannt. An der Schratt-Villa findet sich eine kleine Gedenktafel.

> weiterlesen: 3 und 7

3

× „Arisierung“ dutzender Liegenschaften durch Wilhelm Haenel

# Die Villa eines „NS-Treuhänders“

[F 7]

Die Geschichte des Nationalsozialismus ist auch die Geschichte eines mit hoher krimineller Energie durchgeführten millionenfachen Diebstahls. Exemplarisch steht dafür Wilhelm Haenel.

Der aus Brandenburg stammende Ingenieur war mit der deutlich älteren Konzertpianistin Ella Pancera verheiratet. Sie lebten seit Mitte der 1920er-Jahre in Bad Ischl – in der heute Haenel-Pancera genannten Villa in der Concordiastraße. Ella Pancera verstarb 1932. Wilhelm Haenel wurde für die illegale NSDAP aktiv.

Nach 1938 kam seine „große Zeit“. Wie die Historikerin Marie-Theres Arnbom recherchiert hat, begann Haenel systematisch den jüdischen Besitzerinnen und Besitzern von Villen in Bad Ischl und Bad Aussee ihren Besitz abzupressen. Die vom Nazi-Terror geschockten Menschen

verkauften die Liegenschaften weit unter ihrem Wert. Haenel bot sich als „Treuhänder“ an, die Grundstücke und Häuser gingen in den Besitz der NS-Verwaltung über. Bereits im Vorfeld hatte er sich aber das eine oder andere Stück abgezweigt.
Eines der Opfer war die Frau des Autors Fritz Löhner-Beda, die die Villa Schratt verkaufte, um so ihren nach Dachau verschleppten Mann zu helfen. Löhner-Beda und seine Familie wurden ermordet. Haenel lebte bis zu seinem Tod 1967 als „Minderbelasteter“ unbehelligt in Bad Ischl.

> weiterlesen: 2

4

× Rüstungsindustrielle und Nazis in der Villa Roth

# Die Goebbels-Residenz am Grundlsee

[J/K 8]

Am Nordufer des Grundlsees steht eine stattliche Villa – das Gebäude am westlichen Ende der Ortschaft Gößl ist beinahe ein Wahrzeichen der Region: die Villa Roth, auch Schloss Grundlsee genannt.

Namensgeber ist der Wiener Großindustrielle Johann Roth. Er war Inhaber der Firma „Kapsel-Roth", der wichtigsten Munitionsfabrik der österreichischen Monarchie in der zweiten Hälfte des 19. Jahrhunderts. Architekt der Villa war sein Bruder Franz Roth, nach dessen Entwürfen man das Wiener Raimundtheater erbauen ließ. Am Ersten Weltkrieg hatte die Roth AG noch gut verdient, dann war es schnell vorbei, das Unternehmen wurde 1929 aufgelöst.

Nach 1938 entdeckten die Nazis das Schmuckstück am See. Hier machte Schauspieler Attila Hörbiger Urlaub,

hier war auch die Dienststelle der Marineversuchsanstalt am Toplitzsee untergebracht. Bekannt wurde die Villa Roth vor allem im Zusammenhang mit der Familie Goebbels: In der wissenschaftlichen Literatur findet sich wiederholt der Hinweis, dass die Villa auch NS-Propagandachef Joseph Goebbels als Residenz gedient habe. In Grundlsee selbst wird hingegen erzählt, dass zwar Magda Goebbels und Kinder sich hier aufgehalten hätten, Goebbels selbst hingegen nie in Gößl gewesen sei.

Heute ist die Liegenschaft im Besitz einer deutschen Industriellenfamilie.

> weiterlesen: 13

5

× Jüdische Villa Castiglioni mit Teilen der Privatsammlung des „Führers“

# Die Bibliothek von Adolf Hitler in Grundlsee

[J 9] Die prachtvolle Villa am Südwestufer des Grundlsees ist nach Camillo Castiglioni benannt. Castiglioni (1879–1957) entstammte einer Rabbinerfamilie aus Triest. Er war Spekulant, Industrieller – etwa zeitweise Mehrheitseigentümer von BMW –, Korruptionist und Unterstützer faschistischer Bewegungen in Italien und Österreich. In den 1920er-Jahren galt er als reichster Mann hierzulande und finanzierte als Mäzen auch die Salzburger Festspiele. Die Nazi-Diktatur überlebte er – inzwischen verarmt – in der Schweiz und in einem Versteck in San Marino.

Ausgerechnet Adolf Hitler, auf dessen Geheiß zigtausend Bücher verbrannt wurden, besaß eine umfangreiche Privatbibliothek. Es sollen an die 16 000 Exemplare gewesen sein, nur ein kleiner Teil blieb erhalten und ist in den

USA in der Library of Congress verwahrt. Wertvolle Partituren von Richard Wagner gelten als verschollen. Ein Teil der Sammlung wurde während der NS-Zeit in der Villa des Rabbinersohns Castiglioni gelagert. Andere Teile von Hitlers Bibliothek befanden sich in Berchtesgaden, München und Berlin.

Heute ist die Villa im Eigentum einer niederösterreichischen Unternehmerfamilie.

> weiterlesen: 4

# 6

× Die verschwundene Kultur aus Schörfling am Attersee

## Braunes Wetterleuchten über Schloss Kammer

[F 2] Wenn Österreichs größter See ein Wahrzeichen hat, dann ist es Schloss Kammer in Schörfling. Das Seeschloss gibt dem Attersee auch seinen Zweitnamen: Kammersee. Es ist ein Beispiel für den Kulturbruch, den der Nationalsozialismus mit sich brachte und von dem sich Europa über Jahrzehnte nicht erholen konnte.
1925 erwarben die deutsche Schauspielerin Eleonora von Mendelssohn und Emmerich von Jeszenszky das Schloss samt Meierhof. In Folge wurde das Schloss zum sommerlichen Treffpunkt der kulturellen und intellektuellen Szene. Die räumliche Nähe zu den Salzburger Festspielen trug dazu bei.

Die Historikerin Marie-Theres Arnbom beschreibt in ihrem 2018 erschienenen Buch Die *Villen vom Attersee*

jenen Moment, als die feine Gesellschaft 1937 während eines Festes plötzlich einen Feuerschein auf einem gegenüberliegenden Hügel wahrnahm: Es waren vier Haken aus Flammen – braunes Wetterleuchten, von illegalen Nazis entzündet.
„Ein halbes Jahr später waren die meisten (…) in alle Winde zerstreut", erinnerte sich der ebenfalls ins Exil gezwungene Schriftsteller Carl Zuckmayer an den letzten Sommer am Attersee.

Heute befindet sich Schloss Kammer im Eigentum der ehemaligen Dressurreiterin Elisabeth Max-Theurer.

> weiterlesen: 30

# 7

× Jüdische Sommerfrische versus BDM-Kulturzentrum

## Die Deutschvilla in Strobl

[D 7]

Das Haus in der Eva-Mazzucco-Straße 7 ist eines der Schmuckstücke in Strobl am Wolfgangsee. Das denkmalgeschützte Gebäude trägt den Namen der Wiener Bankiersfamilie Deutsch. Diese hatte das Grundstück 1924 erworben und ein bereits bestehendes Haus zu der prächtigen Villa ausbauen lassen. Es war die Zeit der jüdischen Sommerfrische, ehe 1938 der „Anschluss" an das Deutsche Reich vollzogen und auch die Deutschvilla beschlagnahmt wurde. Sie diente in weiterer Folge als Stützpunkt für den BDM (Bund Deutscher Mädel), den weiblichen Zweig der Hitlerjugend. Die Familie Deutsch konnte flüchten und überlebte, Villa und Grundstück wurden 1948 restituiert.

Nach der Befreiung 1945 diente das prachtvolle Gebäude vorerst der US-Armee als Offizierscasino, in Folge wurde

es als Sommerdependance der Universität Wien genutzt. 1988 erwarb die Gemeinde Strobl die Liegenschaft.
Seit Anfang der 2000er-Jahre ist das Haus Sitz des Vereins „Deutschvilla – Verein zur Förderung aktueller Kunst". Unter anderem wurde hier 2008 jener Teil der Oberösterreichischen Landesausstellung gezeigt, der den Widerstand gegen den Nationalsozialismus im Salzkammergut thematisierte. Vereinsobmann ist der Künstler Ferdinand Götz. Er hat das Denkmal für das Arbeitslager Traunkirchen entworfen.

> weiterlesen: 10

ZAHLER CHAIM
ZAIDE CHIL
ZAJAC FRANCISZEK
ZAJAC KAZIMIERZ
ZAJAN SAMUEL
ZAJFLAJZER
ZAJOC JOSEF
ZAKASZOW IWAN
ZAKRZEWSKI FRANCISZEK
ZAKRZEWSKI LUCJAN
ZAKRZEWSKI MARIAN
ZAKRZEWSKI STANISLAW
ZAKS ABRAM
ZALADKIWICZ KAZIMIERZ
ZALAMBANI EVARISTO
ZALEWSKI JOSEF
ZALEWSKI JOSEF
ZALEWSKI KAROL
ZALEWSKI MIECISLAW
ZALEWSKI WACLAW
ZALWERT LEON
ZAM ALEXANDER
ZAMORSKI ROMAN
ZAMULEWICZ JERZY
ZAND ABRAHAM
ZANDBERG MOJSZE
ZANELLO DIEGO
ZANGA LUIGI
ZANIN SILVIO
ZANON EMILIO
ZANOTTI ATTILIO
ZAPEDOWSKI JERZY
ZAPPA WANDO
ZARA SULEIMAN
ZAREMBA JOZEF
ZARFATI GIACOMO
ZARINZANSKI KURT
ZARNOCA JAN
ZAROMB GUSTAV
ZAROMB IZRAEL BER
ZAROMB LEIB
ZARONSKI TEODOR
ZARZEWSKI HENOCH
ZARZYCKI JERZY
ZASADA JOSEF
ZASIADWOWG IWAN
ZASZEK STANISLAUS
ZATTA DANTE

AJLECH
ERG JAKOB
KI ANTONI
K FRANC
VSKI BOLESLAW
LAN
NCISZEK
VASIL
VICZ STANISLAW
MANN GYÖRGY
MANN LEIB
JAN
EMER
SKI ADAM
WLADYSLAW
IK FELIKS
SKI LEON
K WACLAW
ANN ZOLTAN
AN MORIC
KO WLODZIMIERZ
LIS ALEKSANDER
SCHOWSKI BRONISLAW
K STANISLAW
NSKI HENRYK
NSKI ARON
NSKI FELIKS
N WOLF
RBAUM SAUL
JAKOWS
JUNGE
LIEBA
NIKOLAU
PIERO

# 8

× „Vernichtung durch Arbeit“ mit fast 8800 Toten

## Das KZ in Ebensee – überbaut und verdrängt

[I 5] Das Konzentrationslager in Ebensee war ein Außenlager des KZ Mauthausen. Die Zwangsarbeiter und Kriegsgefangenen mussten gewaltige Stollenanlagen in den Berg treiben. Hier entstand ein unterirdischer Rüstungsbetrieb, der vor den alliierten Bombenangriffen geschützt bleiben sollte. Insgesamt wurden nach dem NS-Konzept „Vernichtung durch Arbeit“ (Schwerstarbeit bei absolut unzureichender Versorgung) in Ebensee fast 8 800 Menschen ermordet.

Nach der Befreiung 1945 versuchte man hier die Geschichte des KZ möglichst rasch in Vergessenheit geraten zu lassen. Bereits 1947 entstanden Pläne für eine Überbauung des Areals mit Wohnungen, zwei Jahre später waren die ersten Häuser fertiggestellt. Hintergrund ist auch, dass nach der Befreiung das KZ-Gelände genutzt wurde, um Kriegsvertriebene und Flüchtlinge unterzubringen. Auch diese wollte man so schnell wie möglich loswerden. Heute erinnert in Ebensee nur wenig an das besonders brutal geführte Todeslager. Mitten im Siedlungsgebiet steht das ehemalige Haupttor des KZ, es gibt zudem einen eigenen KZ-Friedhof; die Stollenanlagen im Berg sowie der „Löwengang" (Stacheldrahtkorridor) zwischen Lager und Steinbruch sind noch erhalten geblieben.

Das Zeitgeschichte Museum im Zentrum von Ebensee beschäftigt sich mit der politischen Geschichte des Salzkammergutes zwischen 1918 und 1955: www.memorial-ebensee.at

> weiterlesen: 9, 10 und 11

9

× Ferienhäuser der Kommandanten von Dachau und Auschwitz

# Die „KZ-Villen" von St. Gilgen

[C 6] Hans Loritz und Arthur Liebehenschel: Der erste war Kommandant der Konzentrationslager Dachau und Sachsenhausen, der andere des Stammlagers in Auschwitz. Von Zwangsarbeitern ließen sich die zwei SS-Führer im Süden von St. Gilgen am Wolfgangsee im Bereich der sogenannten Franzosenschanze ihre Ferienhäuser bauen. Die Sklavenarbeiter kamen aus dem KZ Dachau – mehrheitlich waren es Zeugen Jehovas. Da diese Form der persönlichen Bereicherung selbst nach NS-Recht verboten war, deklarierte Loritz die Unterbringung der Zwangsarbeiter einfach als „Außenlager St. Gilgen". Loritz verlor dennoch seinen Posten in Dachau, konnte aber bald wieder sein Mörderhandwerk als Kommandant von Sachsenhausen fortsetzen. Nach neuerlichen Korruptionsvorwürfen wurde er nach

Norwegen versetzt, wo er die äußerst brutal geführten SS-Lager leitete.
Loritz verübte Anfang 1946 in britischer Haft Selbstmord, um einer Überstellung in die Sowjetunion zu entgehen. Liebehenschel wurde ein Jahr später im Krakauer Auschwitzprozess verurteilt und Anfang 1948 hingerichtet.

> weiterlesen: 8, 10 und 11

# 10

× Arbeitslager für den Reichsstraßenbau

## Die 476 Juden von Traunkirchen

[I 4] Das kleine Traunkirchen am Westufer des Traunsees gehört zu den besonders malerischen Flecken im Salzkammergut: Weit ragt die Halbinsel in den See hinaus, der mächtige Traunstein am Westufer ist immer im Blick. Aber auch vor dieser Idylle machte der Horror des NS-Regimes nicht halt.

Im Gegenteil: Von 1940 bis 1942 waren hier 476 Juden aus Wien in einem Lager zusammengepfercht. Sie wurden unter entsetzlichen Bedingungen als Zwangsarbeiter für den Reichsstraßenbau eingesetzt. Im September 1942 wurden sie deportiert, nur wenige haben die Vernichtungslager überlebt. Später nutzten die Nazis das Lager für sowjetische Zwangsarbeiter.

Wie so oft war es dann auch in Traunkirchen: Die Geschichte des Lagers wurde lange totgeschwiegen. Erst als

2001 die Meldelisten der jüdischen Zwangsarbeiter aus den Archiven auftauchten, folgten Forschungsprojekte und es wurden Gedenkfeierlichkeiten angeregt. Auf Initiative der KZ-Gedenkstätte Ebensee ließ man am Grundstück der Volksschule Traunkirchen ein Mahnmal (siehe Foto) errichten. Auf diesem sind die Namen aller Opfer vermerkt. Das Denkmal hat der Künstler Ferdinand Götz entworfen.

> weiterlesen: 7, 8, 9 und 11

11

× Zwangsarbeit für die Zellstoffindustrie

# Das Frauenlager Pettighofen von Lenzing

[F 1] Das Konzentrationslager Pettighofen in Lenzing – auf dem Foto ist die Gedenkstätte entlang der Agerstraße zu sehen – war eines der rund 50 Außenlager des KZ Mauthausen. Insgesamt waren hier bis zu rund 600 Frauen interniert, in der überwiegenden Mehrheit Jüdinnen aus Ungarn und Polen. Die Bewachung wurde von SS-Männern übernommen, im Lagerinneren von weiblichem SS-Personal. Man setzte die Frauen als Zwangsarbeiterinnen in der Zellwollefabrik ein. Als kriegsbedingt die Produktion eingestellt wurde, mussten sie andere Arbeiten am Fabriksgelände oder in der Region leisten.

Das KZ in Pettighofen wurde erst Anfang November 1944 eingerichtet. Der Produktionsstandort Lenzing war freilich schon vorher eng in die NS-Maschinerie eingebunden. Ursprünglich in jüdischem Besitz wurde der

Papier- und Zellstofferzeuger zur Zellwolle Lenzing AG und damit zu einem wesentlichen Rohstofflieferanten für die Textilindustrie. Beim Ausbau der Fabrik griff man bereits zu Kriegsbeginn auf Zwangsarbeiter im großen Stil zurück.

Die Zellwolle Lenzing AG war auch Teil eines Ernährungsversuches an KZ-Häftlingen in Dachau, Buchenwald, Sachsenhausen und Mauthausen. Dabei wurde ein aus den Abwässern der Zellstoffproduktion gewonnenes Eiweißextrakt an den Inhaftierten ausprobiert. Die Versuche führten bei den Opfern zu massiven gesundheitlichen Problemen und wurden abgebrochen.

> weiterlesen: 8, 9 und 10

# Verstecke und Fluchtrouten

12

× Die Verhaftung von SS-Mann Ernst Kaltenbrunner am 12. Mai 1945

# Nazi-Versteck auf der Wildenseealm im Toten Gebirge

[J 7] Die Berge des Salzkammergutes dienten nicht nur der Widerstandbewegung gegen die NS-Diktatur als Versteck, auch ranghohe Größen des Regimes und Kriegsverbrecher versuchten sich hier ihrer Verhaftung zu entziehen. So auch der Oberösterreicher Ernst Kaltenbrunner. Er war als Chef der Sicherheitspolizei, des Sicherheitsdienstes der SS sowie als Leiter des Reichssicherheitshauptamtes eine der zentralen Figuren des NS-Apparates. Kaltenbrunner flüchtete nach der Kapitulation Nazi-Deutschlands ins Tote Gebirge in die Gegend der Wildenseealm. Dort konnte er mithilfe von Widerstandskämpfern und anderen Einheimischen aufgespürt und am 12. Mai 1945 verhaftet werden. Kaltenbrunner wurde im Nürnberger Kriegsverbrecherprozess verurteilt und im Oktober 1946 hingerichtet.

Ebenfalls am 12. Mai wurde der Schulfreund und Komplize Kaltenbrunners, der Organisator der industriellen Vernichtung von Millionen Jüdinnen und Juden, Adolf Eichmann, in Altaussee verhaftet. Eichmann gelang die Flucht aus der US-Haft und er konnte sich 1950 über die von der Katholischen Kirche mitorganisierte „Rattenlinie“ nach Argentinien absetzen. Zehn Jahre später wurde Eichmann vom israelischen Geheimdienst in Buenos Aires aufgespürt und 1962 in Tel Aviv exekutiert.

> weiterlesen: 15 und 24

# 13

× Ein Versteck für Widerstands-
kämpfer im Höllengebirge

## Die Fallschirmspringer auf der Rieder Hütte

[G 5]

Am 8. April 1945 sprangen vier im Dienst des britischen Geheimdienstes stehende Österreicher mit Fallschirmen über dem Höllengebirge ab. Ursprünglich sollten die vier Männer im Ausseerland abgesetzt werden, das Flugwetter war aber dermaßen miserabel, dass der Pilot der Maschine die Orientierung verlor.

Der Auftrag von Albrecht Gaiswinkler, Karl Standhartinger, Karl Lzicar und Josef Hans Grafl lautete, NS-Propagandaminister Joseph Goebbels festzunehmen oder zu erschießen. Dieser wurde in der Villa Roth am Grundlsee vermutet. Das verirrte Quartett fand in der Rieder Hütte im Höllengebirge Unterschlupf. Nach zwei Tagen stiegen die Männer ins Tal ab und machten sich auf den Weg nach Aussee. Goebbels war allerdings längst

über alle Berge. Albrecht Gaiswinkler beteiligte sich an der Befreiung des Salzkammergutes und wurde von den US-Behörden als Regierungskommissär für Aussee eingesetzt. Er war bis 1949 Nationalratsabgeordneter der SPÖ, schloss sich dann aber den der KPÖ nahestehenden Linkssozialisten an.

Die Geschichte der vier Fallschirmspringer diente als Vorlage für den Film *Agenten sterben einsam* (1968) mit Clint Eastwood und Richard Burton in den Hauptrollen.

> weiterlesen: 4

# 14

× Ein Zeuge Jehovas auf der Meisterebenalm

## Das Versteck Leopold Engleitners über dem Attersee

[E 5]

*Ungebrochener Wille* – besser als der Titel eines 2008 erschienenen Buches mit Briefen und Berichten Leopold Engleitners aus den Gefängnissen und Konzentrationslagern kann man die Lebensgeschichte des 1905 in Strobl geborenen Bauernknechtes kaum beschreiben.
Engleitner wandte sich früh von der Katholischen Kirche ab und trat zu den Zeugen Jehovas über. Dies brachte ihm zuerst die Verfolgung durch die christlichsozialen Austrofaschisten, später durch die Nationalsozialisten ein. Er überlebte drei Konzentrationslager. 1943 wurde er in die Zwangsarbeit „entlassen“. Zwei Jahre später sollte er zur Wehrmacht und an die Front. Engleitner versteckte sich auf der Meisterebenalm nahe des legendären Atterseeblicks über Burgau auf der Salzburger Seite des Attersees und überlebte.

Erst 1999 wurde Engleitners Geschichte durch den Journalisten Bernhard Rammerstorfer bekannt. Sein Leben wurde verfilmt, noch im hohen Alter unternahm er zahlreiche Vortragsreisen in die USA, nach Russland und in viele europäische Staaten.
Leopold Engleitner wurde das Goldene Verdienstzeichen der Republik Österreich verliehen. Er verstarb 2013 im 108. Lebensjahr.

Alle Details zur Lebensgeschichte von Leopold Engleitner, den Filmen und Büchern über ihn: www.rammerstorfer.cc

# 15

× Widerstandsnest in der Nähe der Ischler Hütte

## Das Partisanenlager „Igel" im Toten Gebirge

[H 7]

Ab dem Frühjahr 1944 diente das Lager „Igel" der kommunistischen Widerstandsgruppe „Willy-Fred" als Unterschlupf. Diese bestand aus 30 bis 40 Mann. Frauen aus dem Tal versorgten die Mitglieder mit Lebensmitteln. Die Gruppe versuchte vor allem, Deserteure oder Flüchtlinge vor den NS-Schergen zu verstecken.

Die Geschichte des „Igel" ist untrennbar mit dem Namen Sepp Plieseis verbunden. Plieseis stammte aus einer Tagelöhnerfamilie in Lauffen bei Bad Ischl. Er kämpfte auf Seiten der Internationalen Brigaden im Spanischen Bürgerkrieg gegen Franco und war später im KZ Dachau interniert. 1943 gelang ihm mit Hilfe von Agnes Primocic und Karl Gitzoller die Flucht aus dem KZ-Außenlager in Hallein.

„Willy-Fred“ beteiligte sich im April 1945 an der Befreiung und wirkte an der Rettung der von den Nazis geraubten Kunstschätze mit, die zur Vernichtung bestimmt waren. Unmittelbar nach Kriegsende wurde Plieseis mit wichtigen öffentlichen Funktionen betraut, in der antikommunistischen Hysterie des Kalten Krieges aber bald wieder an den Rand der Gesellschaft gedrängt.

Noch in den 1990er-Jahren war der Standort des „Igel“ nur Eingeweihten bekannt. Heute ist der Weg dorthin beschildert; wer über den „Nagelsteig“ aus dem Rettenbachtal aufsteigt, muss aber schwindelfrei sein. Das Foto zeigt die Kunstinstallation „Igel‘ beim ehemaligen Standort des Lagers.

> weiterlesen: 16 und 28

# 16

× Die Fluchtroute von Sepp Plieseis aus dem KZ Hallein

## Über die Osterhorngruppe an den Attersee

[D8+D6]

Es waren wenige, denen in der Zeit der NS-Gewaltherrschaft die Flucht aus einem Konzentrationslager gelang. Der Kommunist und Spanienkämpfer Sepp Plieseis schaffte es, er konnte im Herbst 1943 aus dem KZ-Außenlager von Dachau in Hallein ausbrechen. Seine Fluchtroute führte ihn quer über die Osterhorngruppe auf die Postalm (siehe Foto), hierauf nach Strobl und weiter über den Schwarzensee an den Attersee. Ab dem Frühjahr 1944 diente ihm das Partisanenlager „Igel" im Toten Gebirge als Unterschlupf.

Fluchthelfer war sein Freund und Genosse Karl Gitzoller. Die beiden Männer entkamen den Suchtrupps nur aufgrund des starken Regens, der verhinderte, dass die Hunde der SS die Spur der Geflüchteten aufnehmen konnten.

Eine weitere Fluchthelferin war die Halleiner Tabakarbeiterin und Kommunistin Agnes Primocic. Sie wusste von den Fluchtplänen und organisierte den Kontakt zu den Helfern und Helferinnen. Kurz vor der Befreiung 1945 gelang es Primocic – gemeinsam mit ihrer Freundin Mali Ziegenleder – 17 KZ-Häftlinge vor dem SS-Erschießungskommando zu retten. Sie wurde, so wie auch die Ischler Kommunistin Resi Pesendorfer, zur Symbolfigur des weiblichen Widerstands.

> weiterlesen: 15 und 27

DIESES DENKMAL WURDE AM
BOMBENANSCHLAG
ZERSTÖRT UND DURCH DIE INITIATIVE
VON STAATSSEKRETÄR DR. VINZENZ KOTZINA
NATIONALRAT JOSEF MITTENDORFER
UND BÜRGERMEISTER JOSEF STUMMER
DURCH DEN AKADEMISCHEN BILDHAUER
HANS SCHMIDINGER
IM AUFTRAGE
DER BUNDESSTRASSENVERWALTUNG
IM JAHRE 1964 WIEDER ERRICHTET

# Denkmäler und weitere Kunstinstallationen

# 17

× Gefeierter Operettenkomponist und Kollaborateur

## Hitler-Liebling Franz Lehár

[F/G 7]

Bis heute ist der 1948 in Bad Ischl verstorbene und hier auch begrabene Franz Lehár ein von vielen verehrter Komponist – und seine *Lustige Witwe* auch jenen ein Begriff, die mit Operetten weniger anfangen können. Diese galt als Lieblingsstück Adolf Hitlers, der aus Ungarn stammende Lehár stand unter seinem persönlichen Schutz. Dies und Interventionen von Joseph Goebbels bewahrten ihn vor den Schikanen der NS-Rassebehörden. Lehárs jüdische Frau Sophie wurde zur „Ehrenarierin" erklärt. Lehár bedankte sich bei den Nazi-Bonzen und stand auch wiederholt im Propagandadienst der NSDAP, so etwa bei Konzerten im besetzten Paris. 1940 wurde in Bad Ischl das Filmtheater nach ihm benannt. Seine Villa am Ischler Leharkai ist heute ein Museum. Das Lehár-Denkmal (siehe Foto) im Kurpark wurde 1958 errichtet.

Ab 1943 reiste Lehár oft nach Zürich, offiziell aus medizinischen Gründen. Aus den Akten der Kantonspolizei geht freilich hervor, dass er vor allem an der Sicherung seines Vermögens interessiert war.

Lehár war wohl der Prototyp des opportunistischen Mitläufers. Strittig ist bis heute, ob er sich je für seinen Librettisten Fritz Löhner-Beda eingesetzt hatte. Der Historiker Wolfgang Quatember (Zeitgeschichte Museum Ebensee) meint, dass er dies „nicht oder nur halbherzig" getan habe.

> weiterlesen: 2

# 18

× Kunstinstallationen zum Widerstand im Salzkammergut

## Projekt „Politische Landschaft" im Ausseerland

[H7 + H8/9 + I8]

Im Jahr 2015 startete das Institut für Kunst im öffentlichen Raum Steiermark des Universalmuseums Joanneum das Projekt „Politische Landschaft" mit dem programmatischen Untertitel „Kunst, Widerstand, Salzkammergut". Mehrere Künstlerinnen und Künstler widmeten sich dabei dem Widerstand gegen das NS-Regime.

Von der Ideengeberin des Projektes Eva Grubinger ist am Standort des Partisanenlagers „Igel" die gleichnamige Skulptur zu sehen. Das Pendant dazu steht im Kurpark von Altaussee.
Florian Hüttner nimmt mit seiner Höhlenmalerei „Unterschlupf/Schildkröte" direkt Bezug auf den Partisanenkampf. Das Motiv stammt vom sowjetischen Aufruf „Partisanen zu den Waffen!"; am Berg ist die Malerei in

einer kleinen Höhle nahe des „Igel" zu sehen, im Tal beim Salzbergwerk in Altaussee.

Die Arbeit von Bojan Šarčević heißt schlicht „Der Partisan". Im Tal findet man eine Hälfte der Muschel unter der Brücke der Bahnhofstraße in Bad Aussee. Die Skulptur am Berg – die zweite Muschelhälfte (siehe Foto) – war am Karl-Stöger-Steig zwischen Hochklappsattel und Loseralm angebracht. Sie ist den Naturgewalten oder Vandalismus zum Opfer gefallen.

Gesamtübersicht zum Projekt „Politische Landschaft":
www.politische-landschaft.at

> weiterlesen: 15

# 19

× Mord am österreichischen Olympioniken im KZ Theresienstadt

## Ernst Königsgarten in Altaussee

[I 8/9] Eine schlichte Tafel an der Außenmauer des Friedhofes in Altaussee (siehe Foto) erinnert an Ernst Königsgarten. Außerdem trägt eine Villa im Ort als „Villa Königsgarten" (Fischerndorf 59) seinen Namen.
Ernst Königsgarten war Jahrgang 1880. Er stammte aus einer sehr reichen jüdischen Unternehmensfamilie aus dem tschechischen Brünn. Der junge Mann war leidenschaftlicher und auch guter Fechter – und startete 1906 bei den Olympischen Zwischenspielen in Athen.

Im Jahr 1919, Ernst Königsgarten war inzwischen 39 Jahre alt und lebte meist in Wien, folgte der Privatier dem Modetrend der Wiener Hautevolee, der Sommerfrische, und kaufte sich ein Anwesen im Salzkammergut – fortan die „Villa Königsgarten" in Altaussee. Hier wäre er auch

gerne begraben worden, wie die erwähnte Tafel an der Friedhofsmauer verrät. Nach dem Einmarsch der Nazis 1938 floh Königsgarten nach Brünn. Hierauf wurde er nach der Zerschlagung Tschechoslowakei ins KZ Theresienstadt deportiert und verstarb im Jänner 1942. Sein Besitz wurde von den Nazis und ihren Günstlingen „arisiert", sprich gestohlen. Sein älterer Bruder Ludwig wurde in Auschwitz ermordet.
Bei der Abstimmung über den „Anschluss" Österreichs an das Deutsche Reich im April 1938 gab es in Altaussee nur eine einzige Nein-Stimme.

> weiterlesen: 18

# 20

× 25 Jüdinnen und Juden,
19 Politische Opfer,
16 Opfer der Aktion T4

## Das NS-Opfer-Mahnmal in Gmunden

[I 2] Es ist ein schmales – auf den ersten Blick schwer sichtbares – Bronzeband an der Gmundner Esplanade. In dieses sind die Namen von 60 Ermordeten so eingefräst, dass sie durch die Wellen des Traunsees, die das Sonnenlicht reflektieren, aufblitzen – entsprechendes Wetter vorausgesetzt. Das vom Gmundner Architekten Kurt Ellmauer gestaltete Mahnmal ist so konzipiert, dass es um weitere NS-Opfer aus der Stadt ergänzt werden kann. Die Forschung geht davon aus, dass noch Biografien hinzukommen.
Das Mahnmal ist eines jener Beispiele, wie lange es in Österreich gedauert hat, bis man den von den NS-Schergen ermordeten Menschen doch noch gedenkt. Es wurde im März 2023 seiner Bestimmung übergeben.
Wie aktuell es dennoch ist, kann man auf der Webseite der Stadt nachlesen: „Gmundens NS-Historie endete nicht

1945. Hier existierte der ‚Gmundner Kreis' zum außer Landes Schleusen von NS-Kriegsverbrechern, hier wurde 1991 Walter Reder, der Schlächter von Marzabotto, mit einem Neonazi-Aufmarsch begraben, hier rekrutierte Gottfried Küssel jene VAPO-Gruppe [VAPO = „Volkstreue außerparlamentarische Opposition", militante neonazistische Gruppe], die 1992 einen Brandbombenanschlag auf ein Flüchtlingsasyl im nahen Traunkirchen verübte."

Biografien der 60 NS-Opfer:
www.gmunden.at/kultur-freizeit-tourismus/ns-opfer-mahnmal

21

× Folgenschwere Bombenattentate durch italienische Neofaschisten

# Der Terror in Ebensee 1963

[I 5] Es waren drei Bomben, die am 23. September 1963 in Ebensee mit Zeitzünder zur Explosion gebracht werden sollten. Italienische Neofaschisten hatten diese deponiert. Es war quasi der Gegenschlag für die Terroranschläge österreichischer Rechtsextremisten in Südtirol, der Plan stand im Zusammenhang mit einer ganzen Serie an Attentaten und im Zeichen der langen Nachwirkung des Südtirolkonflikts. Die Bevölkerung hierzulande sollte merken, dass auch ihr Hinterland verwundbar war. Beide Seiten agierten in Abstimmung oder mit Duldung der jeweiligen Behörden und Geheimdienste.
Der erste Sprengsatz detonierte und zerstörte das Löwendenkmal an der Straße zwischen Ebensee und Traunkirchen. Ein symbolischer Akt, das Denkmal war 1861 errichtet worden. Es war Kaiser Franz Joseph gewidmet,

erinnerte an den Straßenbau und markierte auch quasi die Grenze zwischen Innerem und Äußerem Salzkammergut. Ein zweiter Sprengsatz war an der Feuerkogelseilbahn angebracht, er war defekt und richtete keinen Schaden an. Die dritte Bombe war an einem Solebehälter der Saline platziert. Beim Versuch diese zu entschärfen, kam es zu einer Explosion. Der 42-jährige Gendarm Kurt Gruber war auf der Stelle tot, zwei weitere Gendarmericbcamte wurden schwer verletzt. Für Gruber ließ man ein Denkmal (siehe Foto) errichten. Es steht beim Kriegerdenkmal an der rechten Langbathbachseite unmittelbar bei der Kaiserbrücke.

Weiterführende Informationen: Zeitgeschichte Museum Ebensee (Kirchengasse 5, 4802 Ebensee), www.memorial-ebensee.at

# Öffentliche und vergessene Schauplätze

22

× Als die Arbeiter an die Wand gestellt wurden

# Der Februar 1934 in Ebensee

[I5] Nach der Machtergreifung durch die Christlich-Sozialen im März 1933 wurde Österreich zum faschistischen Staat umgebaut. Dieser stand nun im Zeichen der Zensur, darüber hinaus wurden die KPÖ und der Republikanische Schutzbund – die paramilitärische Organisation der Sozialdemokratischen Arbeiterpartei und damit das Gegenstück zu den Heimwehren – verboten. Die Führung der Sozialdemokratie scheute aber jeden Konflikt, nur der oberösterreichische Landesparteisekretär Richard Bernaschek leistete nach einer Polizeirazzia im Linzer Parteiheim am 12. Februar 1934 bewaffneten Widerstand.
In den Ebenseer Betrieben rief man daraufhin den Generalstreik aus. Die lokalen Spitzen der Sozialdemokratie wurden aber sofort verhaftet. Und obschon die Bewaffnung des Schutzbundes in Ebensee mit kaum 50 Waffen

äußerst gering war, gelang es den Roten, die Gendarmerie zu entwaffnen. Am 14. Februar war Ebensee in der Hand der Arbeiterinnen und Arbeiter.
Einen Tag später erreichten Bundesheertruppen Ebensee. Der Schutzbund konnte keinen Widerstand leisten, Kommandant Anton Nußbaumer beging Selbstmord. Er sollte das einzige Opfer des Aufstandes in Ebensee bleiben. Man stellte zwar viele der verhafteten Arbeiter am 16. Februar an die Wand vor der damaligen Hauptschule (siehe Foto), die von der faschistischen Heimwehr geforderte Exekution wurde aber nicht vollzogen.

Weiterführende Informationen: Zeitgeschichte Museum Ebensee (Kirchengasse 5, 4802 Ebensee), www.memorial-ebensee.at

# 23

× Spartakus, Räterepublik, rote Matrosen, Spanienkämpfer, Freiheitsfront

## Ferdinand Barth – ein roter Bürgersohn aus Gmunden

[I 2] „… am 12.11.1898 komme ich in Gmunden am Traunsee als Sohn bürgerlicher Eltern zur Welt." So beginnen die unveröffentlichten Lebenserinnerungen Ferdinand Barths. Das bürgerliche Elternhaus der wohlhabenden Kaufmannsfamilie Barth lag in der Kirchengasse, später Rathausplatz. Sie zog bald nach der Jahrhundertwende nach Hallein um und verlor im Zuge des Ersten Weltkrieges ihre wirtschaftliche Existenz.

Für Barth Ferdl (siehe Foto: zweiter von rechts vorne mit Mütze und Brille), wie er gerufen wurde, aber begann mit dem Krieg ein ganz außergewöhnlicher Lebenslauf – „der Weg vom ausweglosen Mittelstand zum klassenbewussten Arbeiter", wie er schreibt. Es ist eine Odyssee durch die rote Geschichte der ersten Hälfte des 20. Jahrhunderts:

In Berlin beim Spartakusbund, in München erlebte er die Räterepublik. Später war er in Hamburg als roter Matrose für die KPD aktiv.

Zurück in Österreich wurde er im austrofaschistischen Lager Wöllersdorf interniert. 1938 flüchtete er vor den Nazis und schloss sich den Internationalen Brigaden in Spanien an. Es foltgen die Internierung in Frankreich und die Flucht nach Tunesien, wo er in einem Bergwerk arbeitete; später wurde er in Algerien Sekretär der Österreichischen Freiheitsfront. Erst 1946 konnte er in die Heimat zurück. Barth Ferdl starb 1984 in Salzburg.

> weiterlesen: 20

# 24

× Von Bad Goisern zum Wildensee im Toten Gebirge

## Der Schriftsteller Franz Kain

[F 8]

Franz Kain wurde 1922 in Bad Goisern im Ortsteil Posern geboren. Hier ist ein Weg nach ihm benannt. Kain wurde erstmals im Alter von 14 Jahren im austrofaschistischen System inhaftiert, dann von den Nazis wegen Hochverrats zuerst eingesperrt, später folgte die Strafkompanie. Er überlebte in US-Kriegsgefangenschaft, arbeitete nach 1945 als Journalist für die kommunistische Tageszeitung *Neue Zeit* und war auch KPÖ-Gemeinderat in Linz. Kain verstarb 1997.

Einen Namen machte er sich vor allem als Schriftsteller. Lange Zeit wurde Kain nur in der DDR verlegt. Einer seiner bekanntesten Texte ist die Erzählung *Der Weg zum Ödensee*. Der Ödensee steht dabei als Synonym für den Wildensee am Nordrand des Toten Gebirges. Kain schildert hier die Gedanken Ernst Kaltenbrunners, Chef der Sicherheitspolizei und des SD, bei dessen Flucht ins Tote Gebirge 1945. Kaltenbrunner steht dabei mit seiner Erwartung, nach wenigen Wochen wieder als Anwalt arbeiten zu können, stellvertretend für die vielen Täter und Täterinnen, die schon nach kurzer Zeit „entnazifiziert" an die Schulen oder die Gerichte zurückgekehrt sind.

> weiterlesen: 12

# 25

× Gefälschte Pfundnoten, viele Mythen und ein schlechter Film

## Der Schatz im Toplitzsee

[K 8]

Für die Kriegsmaschinerie der Nationalsozialisten war der kleine Toplitzsee östlich des Grundlsees von großer Bedeutung. Nachdem die deutsche Marine längst in die Defensive geraten war, verlegten die Nazis die Versuchsanstalt der Marine 1943 an den Toplitzsee. Hier konnte man, weit weg von der Front, ungestört Unterwasserversuche mit Sprengstoff, Minen und Raketen durchführen. Kommandozentrale war die Villa Roth am Grundlsee.

Kurz vor der Befreiung versenkten Leute des Sicherheitsdienstes beim Reichssicherheitshauptamt zahlreiche Kisten mit gefälschten Geldscheinen im See. Diese wurden vom KZ-Nebenlager Redl-Zipf (Oberösterreich) angeliefert, wo sich ab April 1945 die Fälscherwerkstatt der „Aktion Bernhard“ befand. Mit von KZ-Häftlingen

zwangsweise hergestellten gefälschten Pfundnoten sollte die britische Wirtschaft destabilisiert werden.
In Folge kamen nach 1945 viele – oft absurde – Gerüchte über einen Nazi-Schatz im See auf. Trotz vieler Tauchgänge und Sucheinsätze konnten aber nie mehr als ein paar gefälschte Banknoten und verrottetes Kriegsgerät gefunden werden. Der angebliche „Schatz vom Toplitzsee" inspirierte Filmemacher Franz Antel 1959 zum gleichnamigen Film. Der Streifen war ebenso ein Flop wie die Schatzsucherei.

> weiterlesen: 4

# 26

× Raubkunst und die Rettung von Kunstschätzen

## Hollywood im Salzbergwerk von Altaussee

[H8]

Der US-Produktionsfirma 20th Century Fox war das Thema einen Spielfilm wert: *Monuments Men* (2014) thematisiert die Rettung von Kunstschätzen, die von den Nazis geraubt wurden. In den Hauptrollen finden wir Stars wie George Clooney, Cate Blanchett, Matt Damon und John Goodman.

Der Film basiert auf Fakten. Die Nationalsozialisten plünderten in Europa, was es nur zu plündern gab. Als der Bombenkrieg und die Front immer näher rückten, wurden viele der geraubten Kunstschätze auf Befehl Adolf Hitlers im Salzbergwerk von Altaussee untergebracht. Insgesamt 6 500 Exponate waren in dem Bergwerk – nicht fachgerecht (so auch im Steinberghaus, siehe Foto) – gelagert: Arbeiten von Michelangelo, Rubens, Dürer, Rembrandt, Bruegel und vielen anderen mehr.

Nach einer Schätzung der Süddeutschen Zeitung waren die Kunstwerke im Jahr 2015 etwa 50 Milliarden Euro wert.

Der Krieg war verloren, Gauleiter August Eigruber wollte die Stollen in die Luft jagen und die Kunstwerke zerstören lassen. Einheimische Bergleute verhinderten von 3. auf 4. Mai 1945 die Sprengung in letzter Minute. Erst Tage später waren die echten Monuments Men der US-Army in Altaussee.

Eigruber wurde im Mauthausen-Prozess verurteilt und 1947 exekutiert.

Das Bergwerk in Altaussee bietet Führungen zur Rettung der Kunstschätze an: www.salzwelten.at

27

× Ehrenplatz für Kommunistin in Bad Ischl

# Widerstand ist weiblich (I): Resi Pesendorfer

[G 7]

*Ein bescheidenes Leuterl* … Unter diesem Titel wurde die Biografie einer der neben Maria Plieseis, Leni Egger, Marianne Feldhammer und Agnes Primocic (Hallein) wichtigsten Frauen des Widerstands gegen die NS-Barbarei im Salzkammergut herausgegeben. Der Titel mag der Persönlichkeit der 1989 verstorbenen Theresia „Resi" Pesendorfer gerecht werden, ihrer historischen Bedeutung freilich nicht.

Die aus einer Arbeiterfamilie stammende Ischlerin schloss sich nach dem Februar 1934 der KPÖ an und gründete noch in der Zeit des Austrofaschismus eine illegale weibliche Widerstandszelle. Nach 1938 wuchs der Verfolgungsdruck, Pesendorfer blieb standhaft. Sie war es, die 1942 den aus dem Gefängnis geflüchteten Widerstandskämpfer Karl Gitzoller in der leerstehenden Villa Waldhütte

versteckt und so die Gruppe „Willy-Fred" mitbegründet hatte. Wie Feldhammer auf der Ausseer Seite des Toten Gebirges organisierte sie in Folge die Versorgung der Widerständigen, die sich in die Berge zurückgezogen hatten. Ihr Mut blieb von offizieller Seite lange unbedankt. Erst im Dezember 2023 hat der Gemeinderat von Bad Ischl beschlossen, den Platz vor dem Musikpavillon im Kurpark nach Pesendorfer zu benennen.

> weiterlesen: 15 und 28

28



# Widerstand ist weiblich (II): Marianne Feldhammer

[H/I 9]

*Da gibt's kein Zurück mehr …,* so der Titel einer kurzen Biografie über Marianne „Mariandl" Feldhammer. Die Kommunistin aus Altaussee war die zentrale Anlaufstelle für die Versorgung des Partisanenlagers „Igel" im Toten Gebirge auf der Ausseer Seite – sozusagen das Pendant zu Theresia „Resi" Pesendorfer auf der Ischler Seite. Mit einem großen Unterschied: Sie war die einzige Frau, die den Weg zum „Igel" kannte.

Mariandl Feldhammer hielt auch regelmäßig Kontakt zu Resi Pesendorfer in Bad Ischl. Sie nutzte dabei ihre Beschäftigung als Wäscherin als Tarnung und konnte so Nachrichten überbringen, aber auch Lebensmittel transportieren. Auch dass die Nazis Frauen selten eine aktive Rolle im Widerstand zutrauten, wusste sie auszunutzen.

Im Jänner 1945 wurde ihr Mann Karl (am Foto mit der gemeinsamen Tochter Anna) bei einer Razzia in ihrem Haus in ihrem Beisein hinterrücks von der Gestapo erschossen. Karl Feldhammer kam fallweise aus dem Gebirgsversteck ins Tal, um Lebensmittel zu holen und natürlich auch um Frau und Tochter zu besuchen.
Die 1996 Verstorbene ist in Bad Aussee bestattet. Eine postume Würdigung ihrer Verdienste steht noch aus.

> weiterlesen: 15 und 27

29

× Antisemitische Ausschreitungen und Politskandal im Jahr 1947

# Hungerdemonstration und „Milchprozess" in Bad Ischl

[G 7]

In den Jahren nach Kriegsende war Österreich Ziel von zigtausenden jüdischen Flüchtlingen. Sie waren Holocaust-Überlebende oder vor Pogromen in Osteuropa geflohen. Auch im Hotel Kreuz – seit den 1990er-Jahren ein Wohn- und Geschäftshaus am Kreuzplatz – waren solche Displaced Persons (DPs) untergebracht.
Als im Sommer 1947 die US-Behörden die Rationen von Frischmilch für Kleinkinder durch Trockenmilch ersetzen ließen, kam es in Bad Ischl zu einer von der KPÖ organisierten Hungerdemonstration vor dem Rathaus. In Folge zogen viele Menschen zum Hotel Kreuz, sie machten die DPs für die schlechte Versorgungslage mitverantwortlich. Es kam zu Ausschreitungen, Fensterscheiben gingen zu Bruch.

Die US-Behörden reagierten: Fünf KPÖ-Mitglieder wurden bis zu 15 Jahren Kerker verurteilt, darunter der ehemalige KZ-Häftling Raimund Zimpernik und die 68-jährige Widerstandskämpferin Maria Sams. Nur Maria Plieseis gelang die Flucht in die sowjetische Zone. Die Urteile führten zu Protesten in ganz Österreich; dass ausgerechnet Freiheitskämpfer antisemitische Unruhen angezettelt haben sollen, war kaum argumentierbar. Nach Intervention von Bundeskanzler Leopold Figl (ÖVP) wurden die Urteile auf ein Jahr heruntergesetzt.

> weiterlesen: 15 und 16

30

× Private Erinnerung an Zwangsarbeiter aus Frankreich

# Die Franzosenkrippe von Weyregg

[F 3]

Neben den öffentlichen und halböffentlichen, neben den mehr oder weniger bekannten Erinnerungsorten finden sich auch in vielen privaten Haushalten zeitgeschichtlich interessante Erinnerungsstücke. Exemplarisch sei hier die Franzosenkrippe von Weyregg am Attersee genannt.
Im Jahr 1944 wurden im Ortsteil Bach knapp ein Dutzend französische Zwangsarbeiter zur Beseitigung von Hochwasserschäden im hinteren Bachtal eingesetzt. Fallweise mussten die Kriegsgefangenen auch auf Bauernhöfen mithelfen. Um ihre karge Verpflegung durch Tausch etwas aufzubessern, bastelten die Männer kleines Kinderspielzeug und Miniaturlandschaften aus einfachsten Mitteln, unter anderem auch eine Weihnachtskrippe aus Pappmaché, Holz und kleinen Gipsfiguren.

Die kleine Krippe befindet sich heute in der Obhut der Familie Bartl. Sie ist nahezu im Originalzustand erhalten, nur die eine oder andere Figur musste neu angeklebt werden. Jedes Jahr im Advent wird die Krippe aus dem Schrank geholt, mit frischem Moos geschmückt und dann steht sie bis über Weihnachten im Wohnzimmer der Familie – auch als Erinnerungsstück an den Weltkrieg, die NS-Herrschaft und ihre Opfer.

# Literaturverzeichnis

Christian Angerer, Maria Ecker: Nationalsozialismus in Oberösterreich. Opfer – Täter – Gegner, Innsbruck 2015.

Marie-Theres Arnbom: Die Villen von Bad Ischl. Wenn Häuser Geschichten erzählen, Wien 2017.

Marie-Theres Arnbom: Die Villen vom Attersee. Wenn Häuser Geschichten erzählen, Wien 2018.

Raimund Bahr (Hg.): Für Führer und Vaterland. Das Salzkammergut von 1938–1945, Wien u. a. 2008.

Wolfgang Benz (Hg.): Der Ort des Terrors. Geschichte der nationalsozialistischen Konzentrationslager, Bd. 2, München 2005.

Ulrike Felber, Wolfgang Quatember: Ausstellungskatalog Zeitgeschichte Museum Ebensee. Republik – Ständestaat – Nationalsozialismus – Widerstand – Verfolgung, 2005.

Elisa Frei, Martina Gugglberger, Alexandra Wachter: Widerstand und Zivilcourage. Frauen in Oberösterreich gegen das NS-Regime 1938–1945, Linz 2021.

Christian Dirninger, Thomas Hellmuth, Ewald Hiebl, Günther Marchner, Martin Scheutz (Hg.): Aus dem Salzkammergut. Ein Lesebuch, Salzburg 2024.

Klaus Kienesberger, Michael Kienesberger, Wendelin Pressl, Franz Riedl (Hg.): unSICHTBAR. Widerständiges im Salzkammergut, Wien 2008.

Markus Köberl: Der Toplitzsee. Wo Geschichte und Sage zusammentreffen, Linz 1993.

Alfred Komarek: Salzkammergut. Reise durch ein unbekanntes Land, Wien 2010.

Julia Kospach, Elisabeth Schweeger (Hg.): Salz Seen Land. Das Salzkammergut von Anarchie bis Ziehharmonika, München 2024.

Thomas Neuhold, Andreas Praher: Widerstand. Verfolgung. Befreiung. 35 zeitgeschichtliche Wanderungen in Salzburg, Oberösterreich und Berchtesgaden, Salzburg 2020.

## Internetlinks (Auswahl)

Stecknadeln der Erinnerung: www.bad-ischl.ooe.gv.at/Kultur_Freizeit/Kultur/Stecknadeln_der_Erinnerung

Diverse Einträge auf: www.kulturpfade-badischl.at

Diverse Einträge im Lexikon der Provenienzforschung: www.lexikon-provenienzforschung.org

Katalog der NS-Opferlager in Österreich (Bundesdenkmalamt): www.bda.gv.at/dam/jcr:f9cf741d-120d-493b-9693-e3e5043f1b99/Katalog%20NS-Opferorte_Stand%20J%C3%A4nner%202022_BF_1.pdf

Mauthausen Komitee Österreich: www.mauthausen-guides.at

Kathrin Quatember, Auf den Spuren des Februar 1934 in Ebensee: www.gfk-ooe.at/auf-den-spuren-des-februar-1934/

# Danksagung

## Eine kollektive Leistung

Am Cover steht ein Name, hinter den „Erinnerungsorten" aber eine ganze Reihe engagierter, hilfsbereiter, ihr Wissen teilende Menschen und Organisationen. Ihnen sei an dieser Stelle besonders gedankt:
Allen voran Andreas Praher, der als Historiker, Kollege und Freund viele inhaltliche Inputs geliefert und mir mit seiner Expertise weitergeholfen hat. Ein besonderes Danke auch an Franz Fend, der das Archiv der KPÖ Oberösterreich zugänglich gemacht und Fotomaterial zur Verfügung gestellt hat.
Für das Gelingen des Projekts wichtig waren ferner: Stadtgemeinde Bad Ischl/Stadtamt, Familie Bartl/Weyregg, Stadtgemeinde Ebensee/Tourismusbüro, Stadtgemeinde Gmunden/Gmundens Schätze/Holger Höllwerth, Martina Gugglberger, Gemeinde Grundlsee/Bürgermeister Franz Steininger, Anna Haller, Inge Haller, Alois Hofer, Inge Hofer (†), Karin Hofer, Augustin Kloiber, Kulturverein Deutschvilla/Ferdinand Götz, Kathrin Quatember, Wolfgang Quatember.
Und nicht zuletzt ein großes Danke den Mitarbeiterinnen und Mitarbeitern des Anton Pustet Verlags.

VERLAG ANTON PUSTET

Thomas Neuhold und Andreas Praher führen uns an Orte jüdischer Sommerfrische, zu nationalsozialistischen Lagern und Todesfabriken, zu den Spuren von Zwangsarbeiterinnen und Zwangsarbeitern, zu den Zufluchtsorten von Widerstandskämpferinnen und Widerstandskämpfern, zu den Verstecken prominenter NS-Schergen, aber auch zu den Wegen der alliierten Befreier.
Dieser zeitgeschichtliche Wanderführer präsentiert 35 Themenstrecken in Salzburg, Oberösterreich, Südostbayern und dem Ausseerland. Er bietet neben einer fundierten historischen Darstellung genaue Routenbeschreibungen, Kartenskizzen, Fotos, Hinweise für die Anreise sowie Informationen zu weiterführender Literatur und Quellen.

Thomas Neuhold, Andreas Praher
**Widerstand. Verfolgung. Befreiung.** Zeitgeschichtliche Wanderungen
248 Seiten, französische Broschur
durchgehend farbig bebildert, Kartenausschnitte
ISBN 978-3-7025-0963-7, € 24,–

**Für Fans von True Crime und Lost Places – das Buch zum erfolgreichen Podcast der Salzburger Nachrichten!**

Warum ließ ein Erzbischof Kanonen auf die eigene Stadt richten? Wo setzten Knappen während des „Salzburger Goldrausches" ihr Leben aufs Spiel? Was hinterließen die einst gefürchteten Osmanen im Lungau? Und warum ging 1816 als das „Jahr ohne Sommer" in die Geschichte ein?

Von den Spuren der Tempelritter über die alten Hexen- und Wolfsprozesse bis zur Bücherverbrennung in der Zeit des Nationalsozialismus: Mit diesem Buch lernen Sie die sonderbaren, grauenvollen und mit historischem Unrecht verwobenen Orte in Stadt und Land Salzburg kennen!

Anna Boschner, Simona Pinwinkler
**Schattenorte.** Geschichten und Geheimnisse in Salzburg
152 Seiten, französische Broschur,
s/w Abbildungen, Karte
ISBN 978-3-7025-1112-8, € 25,–

www.pustet.at